Chinoku

中文酷

by
Caleb Powell

WRITTEN, COMPILED AND EDITED BY:
Caleb Powell

ARTIST:
Beatrice Joan Wilson Powell

GRAPHIC DESIGNER:
Helen Doust

PRINT AND REPRODUCTION:
Yellow Cat Publishing

First published in 2009
© Copyright 2009 Yellow Cat Publishing,
Published by Yellow Cat Publishing, LLC

ISBN 10: 1452895198
ISBN 13: 9781452895192

YC 125

YELLOW CAT
© Yellow Cat Publishing, LLC

www.yellowcatpublishing.com

Chinoku
中文酷

Book 1: Challenging
第一本: 一点儿难

The Original Chinese Sudoku Game
A Method for Studying Chinese Characters

原版的中文酷
学中文

Caleb Powell

Chinese Sudoku

Learn how to write basic Chinese while completing Chinoku puzzles. Chinoku is similar to Sudoku, but these puzzles are more difficult as they use Chinese characters.

These sets offer both the challenges of Sudoku and learning Chinese. For the beginning students, if they do not know the character sets before playing Chinoku, they will definitely have them engrained in their mind after. For those who already know Chinese, Chinoku offers an excellent way to practice writing skills, and since character sets are more complex than numbers, Chinoku provides a great way of strengthening memory. Not only that, it's a lot of fun.

Rules: Every row, column and every block of nine must have one of each symbol provided.

Chinoku Sets

Chinoku puzzles are not easy, but there are different levels: Challenging, More Challenging, and Extremely Challenging.

对中文苦来说容易的没有了。有三个程度：一点儿难，更难，最难。

Puzzles 1 - 10. *Numbers* shù zì 数 字

一	二	三	四	五	六	七	八	九
yī	èr	sān	sì	wǔ	liù	qī	bā	jiǔ
one	two	three	four	five	six	seven	eight	nine

Puzzles 11 – 20. *Animals* dòng wù 动 物

马	牛	羊	猪	鸡	鸭	猫	狗	鼠
mǎ	niú	yáng	zhū	jī	yā	māo	gǒu	shǔ
horse	cow	sheep	pig	chicken	duck	cat	dog	mouse

Puzzles 21 – 30. *Nature* zì rán 自 然

火	土	风	云	雷	电	冰	雨	雪
huǒ	tǔ	fēng	yún	léi	diàn	bīng	yǔ	xuě
fire	earth	wind	cloud	thunder	lightning	ice	rain	snow

Puzzles 31 – 40. *Seasons & Time* jì jié shí jiān 季 节 时 间

冬	春	夏	秋	年	月	天	时	分
dōng	chūn	xià	qiū	nián	yuè	tiān	shí	fēn
winter	spring	summer	fall	year	month	day	hour	minute

Puzzles 41 – 50. *Colors* yán sè 颜 色

红	黄	蓝	绿	橙	黑	白	深	淡
hóng	huáng	lán	lǜ	chéng	hēi	bái	shēn	dàn
red	yellow	blue	green	orange	black	white	dark	light

Chinoku – 中文酷

Puzzle 1　第一　难题

Level - 程度：Challenging – 一点儿难

Numbers　**shù zì**　数　字

一	二	三	四	五	六	七	八	九
yī	èr	sān	sì	wǔ	liù	qī	bā	jiǔ
one	two	three	four	five	six	seven	eight	nine

八			一	五				
一		五	三	四			八	
三					九	一	五	四
			六			四		三
七	四						二	一
五	三			二				
二	五	七	九					六
	八			三	七	二		五
			八	五				七

Chinoku – 中文酷

Puzzle 2　第二　难题

Level - 程度：Challenging – 一点儿难

Numbers　**shù zì**　数　字

一	二	三	四	五	六	七	八	九
yī	èr	sān	sì	wǔ	liù	qī	bā	jiǔ
one	two	three	four	five	six	seven	eight	nine

			一					
四		六	三		五		八	
		七	二			九	四	一
	四	三				一	二	
七				三				八
	九	二				三	七	
一	七	五			六	二		
	八		七		三	六		九
				四				

Chinoku – 中文酷

Puzzle 3 第三 难题
Level - 程度：Challenging – 一点儿难

Numbers **shù zì** 数 字

一	二	三	四	五	六	七	八	九
yī	èr	sān	sì	wǔ	liù	qī	bā	jiǔ
one	two	three	four	five	six	seven	eight	nine

七						一		五
	四		一					九
六			三	二		四	八	
	五	七	八					
		三	七		四	九		
					三	八	七	
	二	九		一	七			八
四					八		一	
一		六						三

Chinoku – 中文酷

Puzzle 4 第四 难题
Level - 程度：Challenging – 一点儿难

Numbers   **shù zì**   数 字

一	二	三	四	五	六	七	八	九
yī	èr	sān	sì	wǔ	liù	qī	bā	jiǔ
one	two	three	four	five	six	seven	eight	nine

		二	四					六
	八		六			一		
三	七			八	五		二	
			二	五		三	七	
二				三				八
	三	七		一	四			
	六		九	四			三	七
	四				一		九	
七				八	四			

Chinoku – 中文酷

Puzzle 5 第五 难题
Level - 程度：Challenging – 一点儿难

Numbers **shù zì** 数 字

一	二	三	四	五	六	七	八	九
yī	èr	sān	sì	wǔ	liù	qī	bā	jiǔ
one	two	three	four	five	six	seven	eight	nine

	九	八	一			四		
		五					六	九
		四		三		五		一
五			八	一				
八	三		六	七	四		九	五
				二	三			七
七		九		八		一		
四	五					六		
		三			五	九	二	

Chinoku – 中文酷

Puzzle 6 第六 难题

Level - 程度：Challenging – 一点儿难

Numbers **shù zì** 数 字

一	二	三	四	五	六	七	八	九
yī	èr	sān	sì	wǔ	liù	qī	bā	jiǔ
one	two	three	four	five	six	seven	eight	nine

二		五	七	一				八
			四					
	七			二		九	三	
七	六		五				一	九
	三	一	四		七	二	八	
九	八			六			七	五
四	五		八			七		
				三				
一			二	六		八		四

Chinoku – 中文酷

Puzzle 7 第七 难题
Level - 程度：Challenging – 一点儿难

Numbers **shù zì** 数 字

一	二	三	四	五	六	七	八	九
yī	èr	sān	sì	wǔ	liù	qī	bā	jiǔ
one	two	three	four	five	six	seven	eight	nine

		八	七		六			五
四			九				三	
	六	一		三	五			八
		四			一	九	六	二
			六		四			
六	八	二	五			四		
七			一	八		三	五	
	一				二			九
八			三		七	六		

Chinoku – 中文酷

Puzzle 8　第八　难题

Level - 程度：Challenging – 一点儿难

Numbers　**shù zì**　数　字

一	二	三	四	五	六	七	八	九
yī	èr	sān	sì	wǔ	liù	qī	bā	jiǔ
one	two	three	four	five	six	seven	eight	nine

	二	七		八		五		
三	六		一			七	九	
八				四				一
六	七					九	一	五
	一						四	
四	三	五					六	七
二				七				三
	四	三			八		五	六
		六		二		一	七	

Chinoku – 中文酷

Puzzle 9　第九　难题

Level - 程度：Challenging – 一点儿难

Numbers　**shù zì**　数　字

一	二	三	四	五	六	七	八	九
yī	èr	sān	sì	wǔ	liù	qī	bā	jiǔ
one	two	three	four	five	six	seven	eight	nine

		二						九
		七					一	二
	二			六	四	三		
	八	二		四		一	六	
五	六	四	八		一	九	三	七
	七	三		五		二	八	
		六	九	三			七	
三	一				二			
四				六				

Chinoku – 中文酷

Puzzle 10　第十　难题

Level - 程度：Challenging – 一点儿难

Numbers　**shù zì**　数　字

一	二	三	四	五	六	七	八	九
yī	èr	sān	sì	wǔ	liù	qī	bā	jiǔ
one	two	three	four	five	six	seven	eight	nine

	六	七		八	一	四		
		五			三		六	
	一		四	六			九	三
	二		三			五		
		一				三		
		六			四		二	
六	八			三	七		四	
	五		六		九			
		九	二	五		六	三	

Chinoku – 中文酷

Puzzle 11 第十一 难题

Level - 程度：Challenging – 一点儿难

Animals **dòng wù** 动 物

马	牛	羊	猪	鸡	鸭	猫	狗	鼠
mǎ	niú	yáng	zhū	jī	yā	māo	gǒu	shǔ
horse	cow	sheep	pig	chicken	duck	cat	dog	mouse

鸡			羊	牛		猫		鸭
	狗			猫	马	羊	鼠	
				鼠	牛			
羊		鸭	马				牛	
	鸡			鼠			羊	
	牛				猫	鸭		狗
		猫	狗					
	马	鸡	鼠	鸭			猫	
鸭		狗		鸡	牛			羊

Chinoku – 中文酷

Puzzle 12 第十二 难题

Level - 程度：Challenging – 一点儿难

Animals **dòng wù** 动 物

马	牛	羊	猪	鸡	鸭	猫	狗	鼠
mǎ	niú	yáng	zhū	jī	yā	māo	gǒu	shǔ
horse	cow	sheep	pig	chicken	duck	cat	dog	mouse

猫		鸡			羊			牛
鸭			牛					
牛			鸡		猫	鼠	狗	羊
		猫	鼠			马		鸭
			羊		鸭			
马		鸭			牛	羊		
鸡	鸭	牛	猪		马			狗
				鸡				鼠
羊			猫			猪		鸡

Chinoku – 中文酷

Puzzle 13　第十三　难题

Level - 程度：Challenging – 一点儿难

Animals　**dòng wù**　动　物

马	牛	羊	猪	鸡	鸭	猫	狗	鼠
mǎ	niú	yáng	zhū	jī	yā	māo	gǒu	shǔ
horse	cow	sheep	pig	chicken	duck	cat	dog	mouse

		猪	猫					
	鸭	猫	鼠				马	鸡
	羊		鸭	猪			狗	
		牛	鸡	鼠		羊	鸭	
		鸡	猪		鸭	马		
	猪	羊		马	牛	鼠		
	鸡			鸭	猪		猫	
猪	马				狗	鸡	羊	
				鼠	狗			

Chinoku – 中文酷

Puzzle 14 第十四 难题
Level - 程度：Challenging – 一点儿难

Animals   dòng wù   动 物

马	牛	羊	猪	鸡	鸭	猫	狗	鼠
mǎ	niú	yáng	zhū	jī	yā	māo	gǒu	shǔ
horse	cow	sheep	pig	chicken	duck	cat	dog	mouse

牛		狗	鸡					马
鸭			牛			羊	鸡	
猪				鼠			鸭	牛
		羊			鸡			
鸡		鼠		狗		牛		猫
			鸭			马		
狗	猫			鸭				羊
	猪	牛			马			鸭
鼠					羊	狗		狗

Chinoku – 中文酷

Puzzle 15　第十五 难题
Level - 程度：Challenging – 一点儿难

Animals　**dòng wù**　动　物

马	牛	羊	猪	鸡	鸭	猫	狗	鼠
mǎ	niú	yáng	zhū	jī	yā	māo	gǒu	shǔ
horse	cow	sheep	pig	chicken	duck	cat	dog	mouse

	鸭				鸡			
鼠	狗	鸡		鸭		牛	马	
	马		狗			鸡	鼠	
		鸭	牛		猫			
羊				鸡				猫
		猪		狗	鸭			
	牛	狗			鸭		猪	
	鼠	猫		猪		马	狗	鸡
			马			鸭		

Chinoku – 中文酷

Puzzle 16　第十六　难题
Level - 程度：Challenging – 一点儿难

Animals　**dòng wù**　动　物

马	牛	羊	猪	鸡	鸭	猫	狗	鼠
mǎ	niú	yáng	zhū	jī	yā	māo	gǒu	shǔ
horse	cow	sheep	pig	chicken	duck	cat	dog	mouse

			羊	牛				
牛	马		狗		鸭		羊	鼠
	猫					牛	鸭	
猫		猪	鸡			狗		
鸭	狗						鼠	猫
		鼠			马	鸭		猪
	羊	猫					狗	
鼠	猪		马		猫		鸡	鸭
			羊	鼠				

Chinoku – 中文酷

Puzzle 17 第十七 难题
Level - 程度：Challenging – 一点儿难

Animals **dòng wù** 动 物

马	牛	羊	猪	鸡	鸭	猫	狗	鼠
mǎ	niú	yáng	zhū	jī	yā	māo	gǒu	shǔ
horse	cow	sheep	pig	chicken	duck	cat	dog	mouse

		狗			马	猪	猫	
牛		鼠						
	猪	马				狗	牛	
	牛		猫	马		鼠	鸡	羊
			鸭		狗			
马	羊	猪		牛	鸡		鸭	
	鼠	猫				牛	狗	
						羊		猪
	马	羊	狗			鸭		

Chinoku – 中文酷

Puzzle 18 第十八 难题

Level - 程度：Challenging – 一点儿难

Animals **dòng wù**   动 物

马	牛	羊	猪	鸡	鸭	猫	狗	鼠
mǎ	niú	yáng	zhū	jī	yā	māo	gǒu	shǔ
horse	cow	sheep	pig	chicken	duck	cat	dog	mouse

		猫		猪	鼠	鸡		
鼠		鸭	马					
	猪	羊	牛	猫		马		狗
羊			鼠					猪
				牛				
猫					狗			牛
马		牛		狗	猫	鸭	羊	
					羊	狗		鸡
		狗	鸡	鼠			猪	

Chinoku – 中文酷

Puzzle 19 第十九 难题
Level - 程度：Challenging – 一点儿难

Animals **dòng wù** 动 物

马	牛	羊	猪	鸡	鸭	猫	狗	鼠
mǎ	niú	yáng	zhū	jī	yā	māo	gǒu	shǔ
horse	cow	sheep	pig	chicken	duck	cat	dog	mouse

	鼠	牛	鸡			马		猪
猫			狗			鸭		牛
	狗		鼠	猪			猫	
鸡	羊					猫		
	猫	鼠				猪	羊	
		猪					马	狗
	马			鸭	鸡		猪	
猪		鸭			猫			鼠
狗		猫			猪	牛	鸭	

Chinoku – 中文酷

Puzzle 20 第二十 难题

Level - 程度：Challenging – 一点儿难

Animals **dòng wù** 动 物

马	牛	羊	猪	鸡	鸭	猫	狗	鼠
mǎ	niú	yáng	zhū	jī	yā	māo	gǒu	shǔ
horse	cow	sheep	pig	chicken	duck	cat	dog	mouse

	狗		猪				牛	羊
鼠		猪						鸡
	牛	羊			鸭			
鸡		狗	鼠		猫		鸭	
	猫	牛		猪		鼠	狗	
	鼠		马		狗	羊		猫
		羊			鸡	猫		
鸭					牛			狗
狗	鸡			牛		羊		

Chinoku – 中文酷

Puzzle 21　第二十一　难题

Level - 程度：Challenging – 一点儿难

Nature　**zì rán**　自　然

火	土	风	云	雷	电	冰	雨	雪
huǒ	tǔ	fēng	yún	léi	diàn	bīng	yǔ	xuě
fire	earth	wind	cloud	thunder	lightning	ice	rain	snow

		风	云		雨			
火		土	风			云	电	雷
			雷	火				
		冰					雪	土
雷	风		冰		雪		云	雨
雨	土					雷		
			雷	冰				
土	冰	火			电	雨		云
			雨		土	冰		

Chinoku – 中文酷

Puzzle 22　第二十二　难题

Level - 程度：Challenging – 一点儿难

Nature　**zì rán**　自　然

火	土	风	云	雷	电	冰	雨	雪
huǒ	tǔ	fēng	yún	léi	diàn	bīng	yǔ	xuě
fire	earth	wind	cloud	thunder	lightning	ice	rain	snow

火		雨	电	雪			风	云
					冰			土
	雷						雪	
	雪		冰		雷		电	火
雷			火	风	电			冰
电	冰		雪		雨		云	
	云						雨	
雨		电						
雪	火			冰	风	云		电

Chinoku – 中文酷

Puzzle 23 第二十三 难题
Level - 程度：Challenging – 一点儿难

Nature　**zì rán**　自 然

火	土	风	云	雷	电	冰	雨	雪
huǒ	tǔ	fēng	yún	léi	diàn	bīng	yǔ	xuě
fire	earth	wind	cloud	thunder	lightning	ice	rain	snow

	冰				火		云	雷
	风			电		土		雪
		雷			雨			
火						电		
		风	火	雷	电	雨		
		电						风
			电			雷		
雷		雪		云			冰	
雨	火		雷				风	

Chinoku – 中文酷

Puzzle 24 第二十四 难题

Level - 程度：Challenging – 一点儿难

Nature **zì rán** 自 然

火	土	风	云	雷	电	冰	雨	雪
huǒ	tǔ	fēng	yún	léi	diàn	bīng	yǔ	xuě
fire	earth	wind	cloud	thunder	lightning	ice	rain	snow

冰	雨	云		雪	电	土		
				土			雪	
				雷	云	冰	火	
雷	火					雪		电
	电			火			雨	
云		雨					土	雷
	云	火	雷	风				
	冰			电				
		雪	云	雨		风	冰	土

Chinoku – 中文酷

Puzzle 25　第二十五　难题
Level - 程度：Challenging – 一点儿难

Nature　**zì rán**　自　然

火	土	风	云	雷	电	冰	雨	雪
huǒ	tǔ	fēng	yún	léi	diàn	bīng	yǔ	xuě
fire	earth	wind	cloud	thunder	lightning	ice	rain	snow

火	雷				雪		电	冰
		电		冰	土			云
			雷		雨		火	
	电	雷		火				雨
土			电		云			雷
雨				雪		火	风	
	雨		雪		火			
电			冰	土		雨		
雷	火		雨				雪	土

Chinoku – 中文酷

Puzzle 26　第二十六　难题
Level - 程度：Challenging – 一点儿难

Nature　**zì rán**　自　然

火	土	风	云	雷	电	冰	雨	雪
huǒ	tǔ	fēng	yún	léi	diàn	bīng	yǔ	xuě
fire	earth	wind	cloud	thunder	lightning	ice	rain	snow

				雷	火	土		
	风		冰	土				
	火	雪			风			
雪		云		雨			土	
雨	冰		火	雪	土		电	云
	电			风		雨		雪
			雨			风	云	
			火	电			雷	
		雷	土	云				

Chinoku – 中文酷

Puzzle 27　第二十七　难题
Level - 程度：Challenging – 一点儿难

Nature　**zì rán**　自　然

火	土	风	云	雷	电	冰	雨	雪
huǒ	tǔ	fēng	yún	léi	diàn	bīng	yǔ	xuě
fire	earth	wind	cloud	thunder	lightning	ice	rain	snow

	雷				雨	土	雪	
			土	雪			冰	
	土	冰	云		风	电		
雷					冰	火	土	
	冰						雷	
	火	云	电					雨
		土	雨		电	风	云	
	云		火	风				
	电	风	雪				火	

Chinoku – 中文酷

Puzzle 28　第二十八　难题

Level - 程度：Challenging – 一点儿难

Nature　**zì rán**　自　然

火	土	风	云	雷	电	冰	雨	雪
huǒ	tǔ	fēng	yún	léi	diàn	bīng	yǔ	xuě
fire	earth	wind	cloud	thunder	lightning	ice	rain	snow

风	雨	土		火		电	冰	
	电	雪	土					
火			雪					风
冰		风				火	雨	雷
		雨				雪		
雪	土	电				云		冰
电					雷			火
					雪	风	雷	
	雪	雷		冰		雨	电	云

Chinoku – 中文酷

Puzzle 29 第二十九 难题
Level - 程度：Challenging – 一点儿难

Nature   **zì rán**   自 然

火	土	风	云	雷	电	冰	雨	雪
huǒ	tǔ	fēng	yún	léi	diàn	bīng	yǔ	xuě
fire	earth	wind	cloud	thunder	lightning	ice	rain	snow

冰		电				云		
	雨					风		雷
云	风			电	火	雨		土
	电	云	雨	雷				
风			冰		雪			雨
				土	电	雷	风	
雨		火	电	冰			雷	风
雷		风					雨	
	冰				雪			火

Chinoku – 中文酷

Puzzle 30　第三十　难题
Level - 程度：Challenging – 一点儿难

Nature　**zì rán**　自　然

火	土	风	云	雷	电	冰	雨	雪
huǒ	tǔ	fēng	yún	léi	diàn	bīng	yǔ	xuě
fire	earth	wind	cloud	thunder	lightning	ice	rain	snow

	雨			云	雷	风	土	
云				土		火		冰
风					雨			云
			雷	雨		雪		风
雨		风				电		土
雷		电		风	土			
云			冰				火	
风		冰		雷			电	
	雷	火	土	电			风	

Chinoku – 中文酷

Puzzle 31 第三十一 难题

Level - 程度：Challenging – 一点儿难

Seasons & Time   **jì jié shí jiān**   季节时间

冬	春	夏	秋	年	月	天	时	分
dōng	chūn	xià	qiū	nián	yuè	tiān	shí	fēn
winter	spring	summer	fall	year	month	day	hour	minute

			冬					春
分				春	天	秋	时	年
	天		月	时				
	夏					分		
冬		秋				时		月
		月					年	
				夏	年		春	
夏	时	年	分	月				天
月					时			

Chinoku – 中文酷

Puzzle 32　第三十二　难题
Level - 程度：Challenging – 一点儿难

Seasons & Time　　**jì jié shí jiān**　　季节时间

冬	春	夏	秋	年	月	天	时	分
dōng	chūn	xià	qiū	nián	yuè	tiān	shí	fēn
winter	spring	summer	fall	year	month	day	hour	minute

	天	分			月	春	冬	秋
		天	秋					
	秋					年		夏
		冬	分			秋		时
	时		年	月	春		夏	
天		年		夏	时			
冬		时					秋	
				年	冬			
夏	分	春	时			冬	月	

Chinoku – 中文酷

Puzzle 33 第三十三 难题
Level - 程度：Challenging – 一点儿难

Seasons & Time   **jì jié shí jiān**   季节时间

冬	春	夏	秋	年	月	天	时	分
dōng	chūn	xià	qiū	nián	yuè	tiān	shí	fēn
winter	spring	summer	fall	year	month	day	hour	minute

	时	春			年	冬		
			春	秋			天	
			分	夏				月
天	春						秋	
秋		月	天		春	夏		冬
	分						年	天
时				分	秋			
	月			年	天			
		分	冬			秋	时	

Chinoku – 中文酷

Puzzle 34　第三十四　难题

Seasons & Time　jì jié shí jiān　季节时间

冬	春	夏	秋	年	月	天	时	分
dōng	chūn	xià	qiū	nián	yuè	tiān	shí	fēn
winter	spring	summer	fall	year	month	day	hour	minute

夏					时		春	天
	冬	时			秋			
春	秋	年			月			
		春	年				月	夏
			天					
冬	年				分	天		
			分			时	夏	年
			秋			冬	天	
月	时		夏					秋

Chinoku – 中文酷

Puzzle 35 第三十五 难题
Level - 程度：Challenging – 一点儿难

Seasons & Time　jì jié shí jiān　季节时间

冬	春	夏	秋	年	月	天	时	分
dōng	chūn	xià	qiū	nián	yuè	tiān	shí	fēn
winter	spring	summer	fall	year	month	day	hour	minute

			分				年	天
夏	分	时			月			冬
		春		秋			夏	
年				分		秋	天	
春	天		秋		年		月	夏
	秋	冬		月				年
	时			天		夏		
分			月			天	时	秋
秋	春				分			

Chinoku – 中文酷

Puzzle 36 第三十六 难题
Level - 程度：Challenging – 一点儿难

Seasons & Time   jì jié shí jiān   季节时间

冬	春	夏	秋	年	月	天	时	分
dōng	chūn	xià	qiū	nián	yuè	tiān	shí	fēn
winter	spring	summer	fall	year	month	day	hour	minute

			冬			秋	夏	月
月	时		年	夏				
		冬				天		年
夏				时		年		
冬			春	天	夏			时
		时		月				天
春		月				分		
				冬	月		年	春
时	年	夏			分			

Chinoku – 中文酷

Puzzle 37　第三十七　难题
Level - 程度：Challenging – 一点儿难

Seasons & Time　　**jì jié shí jiān**　　季节时间

冬	春	夏	秋	年	月	天	时	分
dōng	chūn	xià	qiū	nián	yuè	tiān	shí	fēn
winter	spring	summer	fall	year	month	day	hour	minute

时	夏				分	月		
分				月	秋			
月		秋		冬			天	分
秋		年	春					
冬	春			时			秋	天
					冬	夏		春
年	月			天		春		冬
			冬	春				时
		天	月				年	夏

Chinoku – 中文酷

Puzzle 38 第三十八 难题
Level - 程度：Challenging – 一点儿难

Seasons & Time　jì jié shí jiān　季节时间

冬	春	夏	秋	年	月	天	时	分
dōng	chūn	xià	qiū	nián	yuè	tiān	shí	fēn
winter	spring	summer	fall	year	month	day	hour	minute

秋					时	分	月	
	分	春	冬	秋				
					月	天		
分	秋	夏	时		年	月		
	时					夏		
	天	夏		秋		时	春	分
	分	天						
				月	冬	春	夏	
	春	月	秋					时

Chinoku – 中文酷

Puzzle 39　第三十九　难题
Level - 程度：Challenging – 一点儿难

Seasons & Time　**jì jié shí jiān**　季节时间

冬	春	夏	秋	年	月	天	时	分
dōng	chūn	xià	qiū	nián	yuè	tiān	shí	fēn
winter	spring	summer	fall	year	month	day	hour	minute

	分	年	夏		秋	春		冬
夏			月					年
	秋						月	天
天	年			分				
	春		天		冬		年	
			年				天	春
时	冬					年		
春					年			秋
年		夏	春		天	时	冬	

Chinoku – 中文酷

Puzzle 40 第四 十 难题

Level - 程度：Challenging – 一点儿难

Seasons & Time **jì jié shí jiān** 季节时间

冬	春	夏	秋	年	月	天	时	分
dōng	chūn	xià	qiū	nián	yuè	tiān	shí	fēn
winter	spring	summer	fall	year	month	day	hour	minute

			冬	分	时			
		时				分	天	月
分				天	秋			冬
冬		天	春				夏	
月				秋				年
	秋				月	天		时
秋		分	冬					春
春	夏	月			年			
		冬	月	天				

Chinoku – 中文酷

Puzzle 41 第四十一 难题
Level - 程度：Challenging – 一点儿难

Colors **yán sè** 颜 色

红	黄	蓝	绿	橙	黑	白	深	淡
hóng	huáng	lán	lǜ	chéng	hēi	bái	shēn	dàn
red	yellow	blue	green	orange	black	white	dark	light

红				白		深		橙
白		深	淡					
橙				深	红	绿		
深	白			蓝		黄		
		淡		黄		黑		
		黑		淡			红	深
		白	蓝	绿				黄
					深	橙		白
蓝		红		橙				绿

Chinoku – 中文酷

Puzzle 42 第四十二 难题

Level - 程度：Challenging – 一点儿难

Colors **yán sè** 颜 色

红	黄	蓝	绿	橙	黑	白	深	淡
hóng	huáng	lán	lǜ	chéng	hēi	bái	shēn	dàn
red	yellow	blue	green	orange	black	white	dark	light

淡		蓝	绿	白		深		红
							黑	
绿	黑		深				白	
	红	黄	黑					淡
	淡		黄		蓝		橙	
深				绿	黄	红		
	白			深			淡	黄
	深							
黄		淡		橙	红	黑		蓝

Chinoku – 中文酷

Puzzle 43 第四十三 难题
Level - 程度：Challenging – 一点儿难

Colors　**yán sè**　颜　色

红	黄	蓝	绿	橙	黑	白	深	淡
hóng	huáng	lán	lǜ	chéng	hēi	bái	shēn	dàn
red	yellow	blue	green	orange	black	white	dark	light

		绿	蓝	黑		橙		
	蓝				黄	淡	红	
黑	深			橙				
			蓝	淡	白			红
深			黄		橙			绿
白		蓝	红	深				
				黄			蓝	橙
	绿	深	橙				黑	
		橙		红	深	黄		

Chinoku – 中文酷

Puzzle 44　第四十四　难题

Level - 程度：Challenging – 一点儿难

Colors　**yán sè**　颜　色

红	黄	蓝	绿	橙	黑	白	深	淡
hóng	huáng	lán	lǜ	chéng	hēi	bái	shēn	dàn
red	yellow	blue	green	orange	black	white	dark	light

黑			蓝	深			淡	
	黄	红		淡				
	蓝				黑	绿	深	红
				蓝				
蓝	黄		深	蓝	橙		白	绿
			黄					
白	淡	蓝	绿				黄	
			淡		黄	白		
	深			白	红			橙

Chinoku – 中文酷

Puzzle 45 第四十五 难题
Level - 程度：Challenging – 一点儿难

Colors **yán sè** 颜 色

红	黄	蓝	绿	橙	黑	白	深	淡
hóng	huáng	lán	lǜ	chéng	hēi	bái	shēn	dàn
red	yellow	blue	green	orange	black	white	dark	light

橙	深					绿		黄
	绿		深		橙			
		白		绿				深
绿			黄	红			蓝	淡
		橙	蓝		白	黄		
黄	淡			橙	黑			白
红				深		白		
			黑		红		黄	
蓝		淡					红	橙

Chinoku – 中文酷

Puzzle 46 第四十六 难题
Level - 程度：Challenging – 一点儿难

Colors **yán sè** 颜 色

红	黄	蓝	绿	橙	黑	白	深	淡
hóng	huáng	lán	lǜ	chéng	hēi	bái	shēn	dàn
red	yellow	blue	green	orange	black	white	dark	light

	白			绿		红	橙	淡
红	深	淡		橙				
绿		黑	白					
深					红	淡	黄	
			深		白			
	淡	橙	绿					蓝
					黑	绿		黄
			黄			白	黑	红
黑	红	黄		白			深	

Chinoku – 中文酷

Puzzle 47 第四十七 难题
Level - 程度：Challenging – 一点儿难

Colors **yán sè** 颜　色

红	黄	蓝	绿	橙	黑	白	深	淡
hóng	huáng	lán	lǜ	chéng	hēi	bái	shēn	dàn
red	yellow	blue	green	orange	black	white	dark	light

黄		红			绿		深	黑
	淡					白		
	蓝	淡	白	黄				红
			蓝	白	黄			橙
		橙		淡				
白		橙	绿	深				
红			白	淡	黑	绿		
		黄				蓝		
黑	橙		黄			红		深

Chinoku – 中文酷

Puzzle 48 第四十八 难题
Level - 程度：Challenging – 一点儿难

Colors **yán sè** 颜 色

红	黄	蓝	绿	橙	黑	白	深	淡
hóng	huáng	lán	lǜ	chéng	hēi	bái	shēn	dàn
red	yellow	blue	green	orange	black	white	dark	light

黑			蓝	橙	绿		淡	深
	白						橙	
深		淡			黄			
	淡	红	绿	蓝			深	黑
白								红
橙	绿			黑	红	淡	白	
			白			红		淡
	黄						黑	
红	深		淡	黄	橙			白

Chinoku – 中文酷

Puzzle 49　第四十九　难题
Level - 程度：Challenging – 一点儿难

Colors　**yán sè**　颜　色

红	黄	蓝	绿	橙	黑	白	深	淡
hóng	huáng	lán	lǜ	chéng	hēi	bái	shēn	dàn
red	yellow	blue	green	orange	black	white	dark	light

				黄	深			
	淡		绿			蓝		
橙				深	黑	淡	红	
	绿		橙			红	黄	
		橙	黑		蓝	绿		
蓝	淡				绿		橙	
	白	红	淡	蓝				深
		黄			红		蓝	
		绿	黄					

Chinoku – 中文酷

Puzzle 50 第五十 难题
Level - 程度：Challenging – 一点儿难
Colors **yán sè** 颜 色

红	黄	蓝	绿	橙	黑	白	深	淡
hóng	huáng	lán	lǜ	chéng	hēi	bái	shēn	dàn
red	yellow	blue	green	orange	black	white	dark	light

淡	绿			黑			蓝	
	蓝			淡	黄			绿
黑			橙					淡
	黑	深		蓝		淡		
蓝				红				黄
		淡		白		蓝	深	
绿					红			蓝
白			绿	橙			红	
	淡			黄			白	深

Solutions

1

八	七	四	一	五	二	三	六	九
一	九	五	三	四	六	七	八	二
三	六	二	八	七	九	一	五	四
九	二	一	七	六	八	五	四	三
七	四	八	五	九	三	六	二	一
五	三	六	四	二	一	九	七	八
二	五	七	九	一	四	八	三	六
四	八	九	六	三	七	二	一	五
六	一	三	二	八	五	四	九	七

2

九	二	八	一	四	七	五	六	三
四	一	六	三	九	五	七	八	二
五	三	七	二	六	八	九	四	一
六	四	三	八	七	九	一	二	五
七	五	一	六	三	二	四	九	八
八	九	二	四	五	一	三	七	六
一	七	五	九	八	六	二	三	四
二	八	四	七	一	三	六	五	九
三	六	九	五	二	四	八	一	七

3

七	三	二	四	八	九	一	六	五
五	四	八	一	七	六	三	二	九
六	九	一	三	二	五	四	八	七
二	五	七	八	九	一	六	三	四
八	一	三	七	六	四	九	五	二
九	六	四	二	五	三	八	七	一
三	二	九	六	一	七	五	四	八
四	七	五	九	三	八	二	一	六
一	八	六	五	四	二	七	九	三

4

一	五	二	四	九	三	七	八	六
四	八	九	六	二	七	一	五	三
三	七	六	一	八	五	九	二	四
六	四	八	二	五	九	三	七	一
二	一	五	七	三	六	八	四	九
九	三	七	八	一	四	二	六	五
八	六	一	九	四	二	五	三	七
五	二	四	三	七	一	六	九	八
七	九	三	五	六	八	四	一	二

5

六	九	八	一	五	七	四	三	二
三	一	五	二	四	八	七	六	九
二	七	四	九	三	六	五	八	一
五	二	七	八	一	九	三	四	六
八	三	一	六	七	四	二	九	五
九	四	六	五	二	三	八	一	七
七	六	九	四	八	二	一	五	三
四	五	二	三	九	一	六	七	八
一	八	三	七	六	五	九	二	四

6

二	九	五	三	七	一	六	四	八
三	一	八	六	四	八	五	二	七
六	四	七	九	五	二	一	九	三
七	六	二	五	八	三	四	一	九
五	三	一	四	九	七	二	八	六
九	八	四	一	二	六	三	七	五
四	五	三	八	一	九	七	六	二
八	二	六	七	三	四	九	五	一
一	七	九	二	六	五	八	三	四

7

二	三	八	七	四	六	一	九	五
四	七	五	九	一	八	二	三	六
九	六	一	二	三	五	七	四	八
三	五	四	八	七	一	九	六	二
一	九	七	六	二	四	五	八	三
六	八	二	五	九	三	四	一	七
七	二	六	一	八	九	三	五	四
五	一	三	四	六	二	八	七	九
八	四	九	三	五	七	六	二	一

8

一	二	七	六	八	九	五	三	四
三	六	四	一	五	二	七	九	八
八	五	九	三	四	七	六	二	一
六	七	二	八	三	四	九	一	五
九	一	八	七	六	五	三	四	二
四	三	五	二	九	一	八	六	七
二	九	一	五	七	六	四	八	三
七	四	三	九	一	八	二	五	六
五	八	六	四	二	三	一	七	九

9

六	三	一	二	八	五	七	四	九
八	四	五	七	九	三	六	一	二
七	二	九	一	六	四	三	五	八
九	八	二	三	四	七	一	六	五
五	六	四	八	二	一	九	三	七
一	七	三	六	五	九	二	八	四
二	五	六	九	三	八	四	七	一
三	一	八	四	七	二	五	九	六
四	九	七	五	一	六	八	二	三

10

三	六	七	九	八	一	四	五	二
二	九	四	五	七	三	一	六	八
八	一	五	四	六	二	七	九	三
七	二	八	三	九	六	五	一	四
九	四	一	八	二	五	三	七	六
五	三	六	七	一	四	八	二	九
六	八	二	一	三	七	九	四	五
一	五	三	六	四	九	二	八	七
四	七	九	二	五	八	六	三	一

11

鸡	鼠	马	羊	牛	狗	猫	猪	鸭
猪	狗	牛	鸭	猫	马	羊	鼠	鸡
猫	鸭	羊	鸡	猪	鼠	牛	狗	马
羊	猫	鸭	马	狗	鸡	猪	牛	鼠
狗	鸡	猪	牛	鼠	鸭	马	羊	猫
马	牛	鼠	猪	羊	猫	鸭	鸡	狗
鼠	羊	猫	狗	马	猪	鸡	鸭	牛
牛	马	鸡	鼠	鸭	羊	狗	猫	猪
鸭	猪	狗	猫	鸡	牛	鼠	马	羊

12

猫	鼠	鸡	马	狗	羊	鸭	猪	牛
鸭	狗	羊	牛	猪	鼠	鸡	猫	马
牛	猪	马	鸡	鸭	猫	鼠	狗	羊
狗	羊	猫	鼠	鸡	猪	马	牛	鸭
鼠	牛	猪	羊	马	鸭	狗	鸡	猫
马	鸡	鸭	狗	猫	牛	羊	鼠	猪
鸡	鸭	牛	猪	鼠	马	猫	羊	狗
猪	猫	狗	鸭	羊	鸡	牛	马	鼠
羊	马	鼠	猫	牛	狗	猪	鸭	鸡

13

鸡	牛	猪	猫	狗	马	鸭	鼠	羊
狗	鸭	猫	鼠	牛	羊	猪	马	鸡
鼠	羊	马	鸭	猪	鸡	猫	狗	牛
马	狗	牛	鸡	鼠	猫	羊	鸭	猪
猫	鼠	鸡	猪	羊	鸭	马	牛	狗
鸭	猪	羊	狗	马	牛	鼠	鸡	猫
羊	鸡	狗	马	鸭	猪	牛	猫	鼠
猪	马	鼠	牛	猫	狗	鸡	羊	鸭
牛	猫	鸭	羊	鸡	鼠	狗	猪	马

14

牛	羊	狗	鸡	猪	鸭	鼠	猫	马
鸭	鼠	猫	牛	马	狗	羊	鸡	猪
猪	鸡	马	羊	鼠	猫	狗	鸭	牛
马	狗	羊	猫	牛	鸡	鸭	猪	鼠
鸡	鸭	鼠	马	狗	猪	牛	羊	猫
猫	牛	猪	鸭	羊	鼠	马	狗	鸡
狗	猫	鸡	鼠	鸭	牛	猪	马	羊
羊	猪	牛	狗	猫	马	鸡	鼠	鸭
鼠	马	鸭	猪	鸡	羊	猫	牛	狗

15

猪	鸭	牛	鼠	马	鸡	羊	猫	狗
鼠	狗	鸡	猫	鸭	羊	牛	马	猪
猫	马	羊	狗	牛	猪	鸡	鼠	鸭
狗	鸡	鸭	牛	鼠	猫	猪	羊	马
羊	猪	鼠	鸭	鸡	马	狗	牛	猫
牛	猫	马	猪	羊	狗	鸭	鸡	鼠
马	牛	狗	鸡	猫	鸭	鼠	猪	羊
鸭	鼠	猫	羊	猪	牛	马	狗	鸡
鸡	羊	猪	马	狗	鼠	猫	鸭	牛

16

狗	鼠	鸭	猪	羊	牛	马	猫	鸡
牛	马	鸡	狗	猫	鸭	猪	羊	鼠
猪	猫	羊	鼠	马	鸡	牛	鸭	狗
猫	牛	猪	鸡	鸭	鼠	狗	马	羊
鸭	狗	马	牛	猪	羊	鸡	鼠	猫
羊	鸡	鼠	猫	狗	马	鸭	牛	猪
马	羊	猫	鸭	鸡	猪	鼠	狗	牛
鼠	猪	狗	马	牛	猫	羊	鸡	鸭
鸡	鸭	牛	羊	鼠	狗	猫	猪	马

17

羊	鸡	狗	牛	鼠	马	猪	猫	鸭
牛	鸭	鼠	猪	狗	猫	鸡	羊	马
猫	猪	马	羊	鸡	鸭	狗	牛	鼠
狗	牛	鸭	猫	马	猪	鼠	鸡	羊
鼠	猫	鸡	鸭	羊	狗	马	猪	牛
马	羊	猪	鼠	牛	鸡	猫	鸭	狗
猪	鼠	猫	马	鸭	羊	牛	狗	鸡
鸭	狗	牛	鸡	猫	鼠	羊	马	猪
鸡	马	羊	狗	猪	牛	鸭	鼠	猫

18

牛	马	猫	狗	猪	鼠	鸡	鸭	羊
鼠	狗	鸭	马	羊	鸡	牛	猪	猫
鸡	猪	羊	牛	猫	鸭	马	鼠	狗
羊	牛	鸡	鼠	鸭	马	猫	狗	猪
狗	鼠	马	猫	牛	猪	羊	鸡	鸭
猫	鸭	猪	羊	鸡	狗	鼠	马	牛
马	鸡	牛	猪	狗	猫	鸭	羊	鼠
猪	猫	鼠	鸭	马	羊	狗	牛	鸡
鸭	羊	狗	鸡	鼠	牛	猪	猫	马

19

羊	鼠	牛	鸡	猫	鸭	马	狗	猪
猫	猪	鸡	狗	羊	马	鸭	鼠	牛
鸭	狗	马	鼠	猪	牛	鸡	猫	羊
鸡	羊	狗	猪	马	鼠	猫	牛	鸭
马	猫	鼠	鸭	牛	狗	猪	羊	鸡
牛	鸭	猪	猫	鸡	羊	鼠	马	狗
鼠	马	羊	牛	鸭	鸡	狗	猪	猫
猪	牛	鸭	马	狗	猫	羊	鸡	鼠
狗	鸡	猫	羊	鼠	猪	牛	鸭	马

20

猫	狗	鸡	猪	鼠	马	鸭	牛	羊
鼠	鸭	猪	牛	猫	羊	狗	马	鸡
马	牛	羊	狗	鸡	鸭	猫	猪	鼠
鸡	马	狗	鼠	羊	猫	猪	鸭	牛
羊	猫	牛	鸭	猪	鸡	鼠	狗	马
猪	鼠	鸭	马	牛	狗	羊	鸡	猫
牛	猪	马	羊	狗	鼠	鸡	猫	鸭
鸭	羊	猫	鸡	马	猪	牛	鼠	狗
狗	鸡	鼠	猫	鸭	牛	马	羊	猪

21

雪	雷	风	云	电	雨	土	火	冰
火	雨	土	风	雪	冰	云	电	雷
冰	电	云	土	雷	火	雪	雨	风
云	火	冰	电	雨	雷	风	雪	土
雷	风	电	冰	土	雪	火	云	雨
雨	土	雪	火	云	风	雷	冰	电
风	雪	雨	雷	冰	云	电	土	火
土	冰	火	雪	风	电	雨	雷	云
电	云	雷	雨	火	土	冰	风	雪

22

火	土	雨	电	雪	冰	雷	风	云
风	电	雪	雷	雨	云	冰	火	土
云	雷	冰	风	火	土	电	雪	雨
土	雪	风	冰	云	雷	雨	电	火
雷	雨	云	火	风	电	雪	土	冰
电	冰	火	雪	土	雨	风	云	雷
冰	云	雷	土	电	雪	火	雨	风
雨	风	电	云	雷	火	土	冰	雪
雪	火	土	雨	冰	风	云	雷	电

23

电	冰	雨	雪	土	火	风	云	雷
云	风	火	冰	电	雷	土	雨	雪
土	雪	雷	云	风	雨	冰	电	火
火	雨	土	风	冰	雪	电	雷	云
雪	云	风	火	雷	电	雨	土	冰
冰	雷	电	土	雨	云	雪	火	风
风	土	云	电	火	冰	雷	雪	雨
雷	电	雪	雨	云	风	火	冰	土
雨	火	冰	雷	雪	土	云	风	电

24

冰	雨	云	火	雪	电	土	雷	风
火	风	雷	冰	土	雨	电	雪	云
雪	土	电	风	雷	云	冰	火	雨
雷	火	冰	雨	云	土	雪	风	电
风	电	土	雪	火	雷	云	雨	冰
云	雪	雨	电	冰	风	火	土	雷
土	云	火	雷	风	冰	雨	电	雪
雨	冰	风	土	电	雪	雷	云	火
电	雷	雪	云	雨	火	风	冰	土

25

火	雷	雨	云	风	雪	土	电	冰
风	雪	电	火	冰	土	雷	雨	云
云	土	冰	雷	电	雨	风	火	雪
雪	电	雷	风	火	冰	云	土	雨
土	风	火	电	雨	云	雪	冰	雷
雨	冰	云	土	雪	雷	火	风	电
冰	雨	土	雪	雷	火	电	云	风
电	云	雪	冰	土	风	雨	雷	火
雷	火	风	雨	云	电	冰	雪	土

26

冰	云	雨	雪	雷	火	土	风	电
雷	风	电	冰	土	雨	云	雪	火
土	火	雪	云	电	风	冰	雨	雷
雪	雷	云	电	雨	冰	火	土	风
雨	冰	风	火	雪	土	雷	电	云
火	电	土	雷	风	云	雨	冰	雪
电	雪	火	雨	冰	雷	风	云	土
云	土	冰	风	火	电	雪	雷	雨
风	雨	雷	土	云	雪	电	火	冰

27

云	雷	火	冰	电	雨	土	雪	风
电	风	雨	雷	土	雪	云	冰	火
雪	土	冰	云	火	风	电	雨	雷
雷	雨	雪	风	云	冰	火	土	电
风	冰	电	土	雨	火	雪	雷	云
土	火	云	电	雪	雷	冰	风	雨
火	雪	土	雨	雷	电	风	云	冰
冰	云	雷	火	风	土	雨	电	雪
雨	电	风	雪	冰	云	雷	火	土

28

风	雨	土	雷	火	云	电	冰	雪
云	电	雪	土	风	冰	雷	火	雨
火	雷	冰	雪	雨	电	土	云	风
冰	云	风	电	雪	土	火	雨	雷
雷	火	雨	冰	云	风	雪	土	电
雪	土	电	火	雷	雨	云	风	冰
电	风	云	雨	土	雷	冰	雪	火
雨	冰	火	云	电	雪	风	雷	土
土	雪	雷	风	冰	火	雨	电	云

29

冰	雷	电	土	风	雨	云	火	雪
火	雨	土	云	雪	冰	风	电	雷
云	风	雪	雷	电	火	雨	冰	土
土	电	云	雨	雷	风	火	雪	冰
风	火	雷	冰	云	雪	电	土	雨
雪	冰	雨	火	土	电	雷	风	云
雨	雪	火	电	冰	云	土	雷	风
雷	云	风	雪	火	土	冰	雨	电
电	土	冰	风	雨	雷	雪	云	火

30

冰	雨	雪	火	云	雷	风	土	电
电	云	雷	风	土	雪	火	雨	冰
火	风	土	电	冰	雨	雷	雪	云
土	火	云	雷	雨	电	雪	冰	风
雨	雪	风	云	火	冰	电	雷	土
雷	冰	电	雪	风	土	雨	云	火
云	电	雨	冰	雪	风	土	火	雷
风	土	冰	雨	雷	火	云	电	雪
雪	雷	火	土	电	云	冰	风	雨

31

时	秋	夏	冬	年	分	天	月	春
分	月	冬	夏	春	天	秋	时	年
年	天	春	月	时	秋	夏	分	冬
春	夏	时	年	天	月	分	冬	秋
冬	年	秋	春	分	夏	时	天	月
天	分	月	时	秋	冬	春	年	夏
秋	冬	分	天	夏	年	月	春	时
夏	时	年	分	月	春	冬	秋	天
月	春	天	秋	冬	时	年	夏	分

32

年	天	分	夏	时	月	春	冬	秋
春	夏	冬	天	秋	年	时	分	月
时	秋	月	春	冬	分	年	天	夏
月	春	夏	冬	分	天	秋	年	时
分	时	秋	年	月	春	天	夏	冬
天	冬	年	秋	夏	时	月	春	分
冬	年	时	月	春	夏	分	秋	天
秋	月	天	分	年	冬	夏	时	春
夏	分	春	时	天	秋	冬	月	年

33

分	时	春	月	天	年	冬	夏	秋
月	夏	冬	春	秋	时	年	天	分
年	秋	天	分	夏	冬	时	春	月
天	春	夏	年	冬	分	月	秋	时
秋	年	月	天	时	春	夏	分	冬
冬	分	时	秋	月	夏	春	年	天
时	冬	年	夏	分	秋	天	月	春
春	月	秋	时	年	天	分	冬	夏
夏	天	分	冬	春	月	秋	时	年

34

夏	分	月	冬	年	时	秋	春	天
天	冬	时	春	夏	秋	月	年	分
春	秋	年	天	分	月	夏	时	冬
时	天	春	年	秋	冬	分	月	夏
分	月	秋	时	天	夏	年	冬	春
冬	年	夏	月	春	分	天	秋	时
秋	春	冬	分	月	天	时	夏	年
年	夏	分	秋	时	春	冬	天	月
月	时	天	夏	冬	年	春	分	秋

35

月	冬	秋	分	春	夏	时	年	天
夏	分	时	天	年	月	春	秋	冬
天	年	春	冬	秋	时	月	夏	分
年	月	夏	春	分	冬	秋	天	时
春	天	分	秋	时	年	冬	月	夏
时	秋	冬	夏	月	天	分	春	年
冬	时	月	年	天	秋	夏	分	春
分	夏	年	月	冬	春	天	时	秋
秋	春	天	时	夏	分	年	冬	月

36

年	天	春	冬	分	时	秋	夏	月
月	时	秋	年	夏	天	春	分	冬
分	夏	冬	月	秋	春	天	时	年
夏	月	天	秋	时	冬	年	春	分
冬	分	年	春	天	夏	月	秋	时
秋	春	时	分	月	年	夏	冬	天
春	冬	月	时	年	秋	分	天	夏
天	秋	分	夏	冬	月	时	年	春
时	年	夏	天	春	分	冬	月	秋

37

时	夏	冬	天	年	分	月	春	秋
分	天	春	时	月	秋	冬	夏	年
月	年	秋	夏	冬	春	时	天	分
秋	时	年	春	夏	天	分	冬	月
冬	春	夏	分	时	月	年	秋	天
天	分	月	年	秋	冬	夏	时	春
年	月	时	秋	天	夏	春	分	冬
夏	秋	分	冬	春	年	天	月	时
春	冬	天	月	分	时	秋	年	夏

38

秋	天	冬	年	夏	时	分	月	春
月	分	春	冬	秋	天	年	时	夏
夏	时	年	春	分	月	天	冬	秋
分	秋	夏	时	春	年	月	天	冬
春	冬	时	月	天	分	夏	秋	年
年	月	天	夏	冬	秋	时	春	分
冬	夏	分	天	时	春	秋	年	月
时	年	秋	分	月	冬	春	夏	天
天	春	月	秋	年	夏	冬	分	时

39

月	分	年	夏	天	秋	春	时	冬
夏	天	春	月	冬	时	秋	分	年
冬	时	秋	年	春	分	夏	月	天
天	年	冬	时	分	春	月	秋	夏
秋	春	月	天	夏	冬	分	年	时
分	夏	时	秋	年	月	冬	天	春
时	冬	天	分	秋	夏	年	春	月
春	月	分	冬	时	年	天	夏	秋
年	秋	夏	春	月	天	时	冬	分

40

天	月	秋	年	冬	分	时	春	夏
夏	冬	年	时	春	秋	分	天	月
分	春	时	夏	月	天	秋	年	冬
冬	分	天	春	年	时	月	夏	秋
月	时	夏	天	秋	冬	春	分	年
年	秋	春	分	夏	月	天	冬	时
秋	天	分	冬	时	夏	年	月	春
春	夏	月	秋	分	年	冬	时	天
时	年	冬	月	天	春	夏	秋	分

41

红	黑	黄	绿	白	蓝	深	淡	橙
白	绿	深	淡	黑	橙	蓝	黄	红
橙	淡	蓝	黄	深	红	绿	白	黑
深	白	橙	红	蓝	黑	黄	绿	淡
绿	红	淡	深	黄	白	黑	橙	蓝
黄	蓝	黑	橙	淡	绿	白	红	深
黑	橙	白	蓝	绿	淡	红	深	黄
淡	黄	绿	黑	红	深	橙	蓝	白
蓝	深	红	白	橙	黄	淡	黑	绿

42

淡	橙	蓝	绿	白	黑	深	黄	红
白	黄	深	红	蓝	橙	淡	黑	绿
绿	黑	红	深	黄	淡	蓝	白	橙
橙	红	黄	黑	深	白	绿	蓝	淡
黑	淡	绿	黄	红	蓝	白	橙	深
深	蓝	白	橙	淡	绿	黄	红	黑
红	白	黑	蓝	绿	深	橙	淡	黄
蓝	深	橙	淡	黑	黄	红	绿	白
黄	绿	淡	白	橙	红	黑	深	蓝

43

淡	黄	绿	蓝	黑	红	橙	白	深
橙	蓝	白	深	绿	黄	淡	红	黑
黑	深	红	淡	橙	白	绿	黄	蓝
绿	橙	黄	黑	蓝	淡	白	深	红
深	红	黑	黄	白	橙	蓝	淡	绿
白	淡	蓝	红	深	绿	黑	橙	黄
红	白	淡	绿	黄	黑	深	蓝	橙
黄	绿	深	橙	淡	蓝	红	黑	白
蓝	黑	橙	白	红	深	黄	绿	淡

44

黑	绿	红	蓝	深	白	橙	淡	黄
深	橙	黄	红	绿	淡	蓝	黑	白
淡	蓝	白	橙	黄	黑	绿	深	红
绿	红	深	白	黑	蓝	黄	橙	淡
蓝	黄	淡	深	红	橙	黑	白	绿
橙	白	黑	黄	淡	绿	深	红	蓝
白	淡	蓝	绿	橙	深	红	黄	黑
红	黑	橙	淡	蓝	黄	白	绿	深
黄	深	绿	黑	白	红	淡	蓝	橙

45

橙	深	红	淡	黑	蓝	绿	白	黄
黑	绿	黄	深	白	橙	蓝	淡	红
淡	蓝	白	红	绿	黄	黑	橙	深
绿	白	黑	黄	红	深	橙	蓝	淡
深	红	橙	蓝	淡	白	黄	绿	黑
黄	淡	蓝	绿	橙	黑	红	深	白
红	黄	绿	橙	深	淡	白	黑	蓝
白	橙	深	黑	蓝	红	淡	黄	绿
蓝	黑	淡	白	黄	绿	深	红	橙

46

黄	白	蓝	黑	绿	深	红	橙	淡
红	深	淡	黄	橙	蓝	黑	白	绿
绿	橙	黑	白	红	淡	黄	蓝	深
深	黑	绿	橙	蓝	红	淡	黄	白
蓝	黄	红	深	淡	白	橙	绿	黑
白	淡	橙	绿	黑	黄	深	红	蓝
橙	蓝	白	红	深	黑	绿	淡	黄
淡	绿	深	蓝	黄	橙	白	黑	红
黑	红	黄	淡	白	绿	蓝	深	橙

47

黄	白	红	蓝	橙	绿	淡	深	黑
橙	绿	淡	红	黑	深	白	黄	蓝
深	黑	蓝	淡	白	黄	橙	绿	红
淡	深	绿	黑	蓝	白	黄	红	橙
蓝	红	黑	橙	黄	淡	深	白	绿
白	黄	橙	绿	深	红	黑	蓝	淡
红	蓝	深	白	淡	黑	绿	橙	黄
绿	淡	黄	深	红	橙	蓝	黑	白
黑	橙	白	黄	绿	蓝	红	淡	深

48

黑	红	黄	蓝	橙	绿	白	淡	深
蓝	白	绿	深	红	淡	黑	橙	黄
深	橙	淡	黑	白	黄	蓝	红	绿
黄	淡	红	绿	蓝	白	橙	深	黑
白	黑	蓝	橙	淡	深	黄	绿	红
橙	绿	深	黄	黑	红	淡	白	蓝
绿	蓝	橙	白	深	黑	红	黄	淡
淡	黄	白	红	绿	蓝	深	黑	橙
红	深	黑	淡	黄	橙	绿	蓝	白

49

绿	黑	蓝	红	淡	黄	深	白	橙
红	淡	深	绿	橙	白	蓝	黑	黄
橙	黄	白	蓝	深	黑	淡	红	绿
深	绿	黑	橙	白	淡	红	黄	蓝
白	红	橙	黑	黄	蓝	绿	深	淡
黄	蓝	淡	深	红	绿	黑	橙	白
黑	白	红	淡	蓝	橙	黄	绿	深
淡	深	黄	白	绿	红	橙	蓝	黑
蓝	橙	绿	黄	黑	深	白	淡	红

50

淡	绿	黄	深	黑	白	红	蓝	橙
深	蓝	橙	红	淡	黄	白	黑	绿
黑	红	白	橙	绿	蓝	深	黄	淡
红	黑	深	黄	蓝	橙	淡	绿	白
蓝	白	绿	淡	红	深	黑	橙	黄
黄	橙	淡	黑	白	绿	蓝	深	红
绿	黄	黑	白	深	红	橙	淡	蓝
白	深	蓝	绿	橙	淡	黄	红	黑
橙	淡	红	蓝	黄	黑	绿	白	深

About the Author

Caleb Powell was born in Taiwan. He has also lived in Argentina, Brazil, Denmark, Guam, South Korea, Thailand and the United Arab Emirates. He studied Mandarin as an adult in Taichung, and has attained different levels of language proficiency in Chinese, Korean, Portuguese, and Spanish. Along with teaching English, he has taught Spanish, and edited and translated Chinese. His TESL guide, *The World Is a Class*, was published in Canada by Good Cheer. He also contributes to ESL Focus. His literary work is forthcoming or in numerous publications, including *Gulf Coast, Post Road, The Rio Grande Review, The Texas Review* and *Zyzzyva*. He lives in Seattle with his family.

YELLOW CAT

About Yellow Cat Publishing:

Yellow Cat Publishing was created by Sarah Lyngra. Sarah uses a similar teaching tool called **Mudoku** to teach music symbols and theory. See yellowcatpublishing.com or ycmused.com

5908282R0

Made in the USA
Charleston, SC
19 August 2010